すずめのバスケ

JUNIOR POEM SERIES

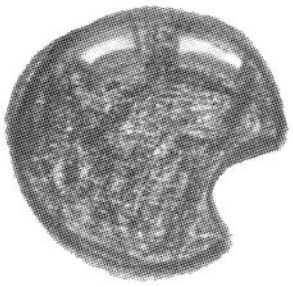

ゆふ あきら 詩集

ゆふ くみこ
やまぐち かおる 絵

もくじ

Ⅰ　すずめのバスケ

Ⅱ　むぎぶえふいて

表紙カバー・本扉デザイン
関本和弘

Ⅰ　すずめのバスケ

すずめのバスケ

すずめのあそびは　バスケット
コートは広い　　田の上で
ボールは赤い　　南天《なんてん》だ
ときどき食べて　パスをする

すずめのあそびは　バスケット
相手《あいて》は強い　　つばめたち
ドリブルはやい　おいつけぬ
ダンクシュートが　ワンダフル

すずめのあそびは　バスケット
リングは燃《も》える　太陽《たいよう》だ
三点シュート　ねらっても
なかなか決《き》まらず　あせってる

すずめのあそびは　バスケット
作戦《さくせん》タイムは　電線で
一分すぎても　しゃべってる
コーチの百舌《もず》は　いそがせる

すずめのあそびは　バスケット
審判《しんぱん》さんは　案山子《かかし》たち
応援《おうえん》するのは　わらこづみ
いつまでたっても　おわらない

＊わらこづみ…今年収穫《しゅうかく》した藁《わら》を貯蔵《ちょぞう》するために積《つ》みあげたもの。藁塚《わらづか》のこと。竹田《たけた》市方面の方言。

秋の五音

夕陽《ゆうひ》の色の
あいうえお

くりの実《み》かたい
かきくけこ

落《お》ち葉《ば》の音の
さしすせそ

たんぼのかかし
たちつてと
かき食べしぶい
ばびぶべぼ
秋の五音は
きもちいい

秋もわらった

とげとげの　実《み》はいたい
おまけに皮《かわ》も　かたいんだ
ながぐつの　上からも
いががさしたよ
くりはうまいよ

ざっくりと　ザクロの実
かたい皮して　中からね
すきとおる　赤い実が
うつくしすぎて
たべられないよ

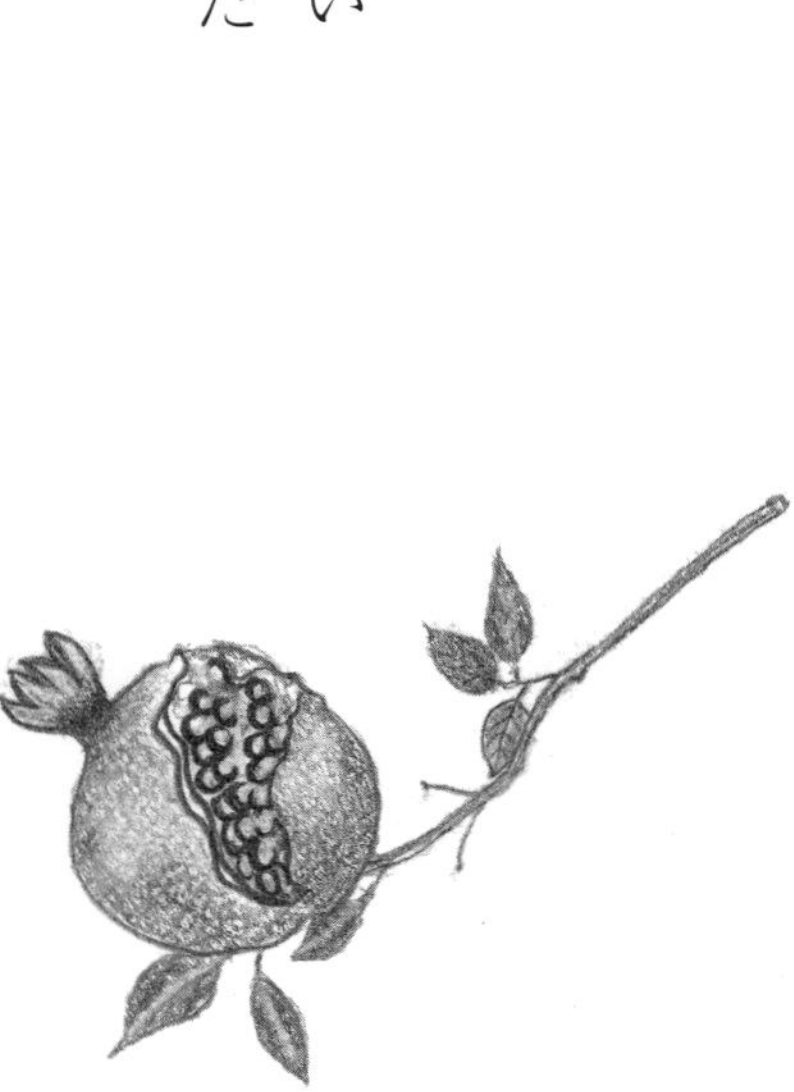

瀬《せ》のような
たかいみそらに
ゆうやけが
こげたさかなは
かあさん食べる

ほりたての
ふろのおきびで
みんなあつまり
おならがでるぞ
秋もわらった

いわしぐも
いっぱいだ
子らを帰らせ

さつまいも
やきいもだ
たのしいぞ

おちばのいちば

なぜかたのしい
どんぐりむらの
あさの五時です
月見草たち

ならんでいるのは
黄色いイチョウ
猫《ねこ》がいっぴき
ヒョイとくわえて

いちばです
はずれです
暗《くら》いけど
照《て》らします

おちばです
さかなです
寄《よ》って来て
消《き》えました

むら一番の
くさのもみじの
記事《きじ》にするのは
青いインクで

べっぴんの
よめいりだ
カケスさん
書きました

村の池には
競《せ》りのかけごえ
ひがしの空が
おちばのいちば

鴨《かも》たちが
にぎやかだ
いちご色
みせじまい

落《お》ち葉《ば》の手紙

落ち葉の手紙
黄色はイチョウ
かわいくて
扇《おうぎ》のように
ひらひら舞《ま》って
見てよ見てよと
せがみます

落ち葉の手紙
真っ赤《まか》はハゼの葉

片思《かたおも》い
こころの中を
見られて困《こま》る
くるくるまいて
かくします

落ち葉の手紙
こげ茶はクヌギ
あつまって
むかしばなしを
くりかえしては
春が来るのを
まってます

落ち葉の手紙
とどけてくれるよ
こがらしが
いそいでいそいで
走ってきます
早く読んでと
せかします

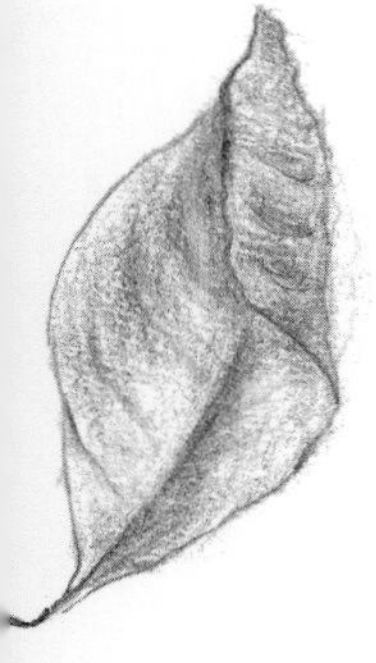

いい名前

なずなより
ぺんぺん草
なんだか
音が聞こえそう

アザミとは
いい名前
葉《は》のギザギザが
いかにも痛《いた》そうだ

タンポポも
いい名前
ポンポンてまり
はずみそう

ピーピー草は
スズメノテッポウだ
弱いながらも
たたかうかたち

いい名前はと
父さん真剣《しんけん》に考えた
ぼくの名前も
良《い》い名前

ふしぎな帰り道

くねくねヘビが　ねらってる
ブンブン蜂《はち》が　ねらってる
こわいよこわい　帰り道
一人のぼくは　走りだす
だけど時々
大きな虹《にじ》が　出ているよ
ふしぎなふしぎな　帰り道

びゅんびゅん風が　ふいている
ゴロゴロ雷《かみなり》　鳴っている

こわいよこわい　帰り道
一人のぼくは　走りだす
だけど時々
父の車で　ラクチンだ
うれしいうれしい　帰り道

ばたばたコウモリ　とんでくる
ホウホウふくろう　話してる
こわいよこわい　帰り道
一人のぼくは　走りだす
そしたらすぐに
体の中から　熱《あつ》くなる
ふしぎなふしぎな　帰り道

大根村《だいこん》の秋祭《あきまつ》り

こんなに明るい月夜の晩《ばん》は
ぼくらは地面《じめん》を抜《ぬ》け出《だ》して
仲間《なかま》で楽しく
おどります

ホーホーホー
笛《ふえ》を吹《ふ》くのは
知恵《ちえ》の神様《かみさま》
ふくろうだ

パタパタパタ
拍手《はくしゅ》するのは
光の神様
もぐらたち

お酒《さけ》を飲《の》んだ
ニンジンは
真《ま》っ赤《か》な顔で
寝《ね》ています

こんなに明るい月夜の晩は
ぼくらは激《はげ》しく踊《おど》ります
くねくねくねと
おどります

Ⅱ　むぎぶえふいて

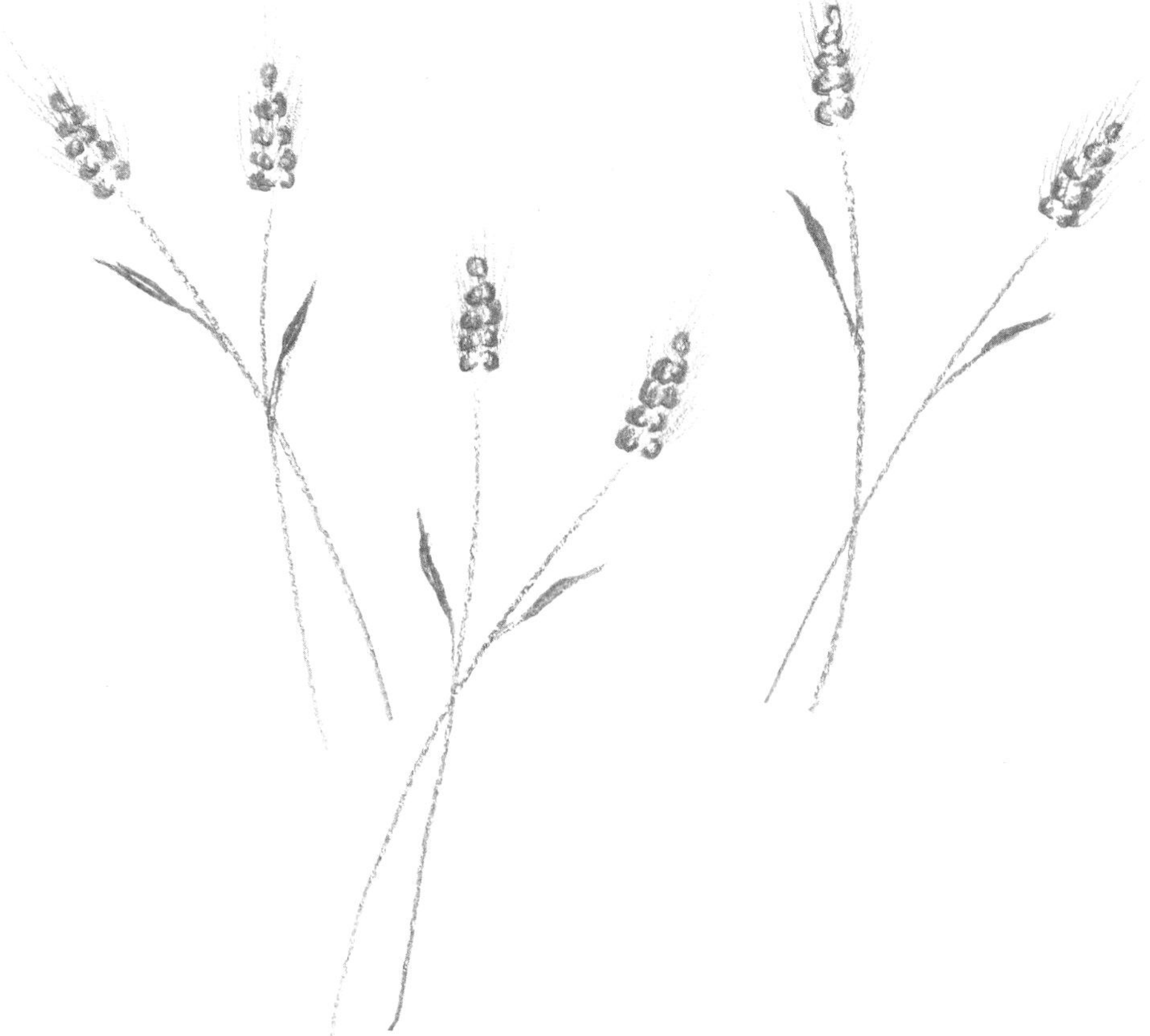

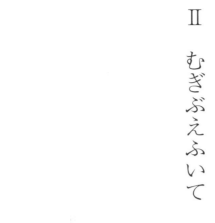

むぎぶえふいて

あめがあがった
ケヤキのみちを
ひとりであるく
ちいさなはから
こもれびもれて
ぼくのこころも
すきとおる

みどりいろした
きみがひとりで

あるいてくるよ
かみさまくれる
おおきなキセキ
なにもいえない
ぼくになる

みどりのみちが
うたっているよ
とおいむかしに
たしかにきいた
かぜのうただよ
さやかなにおい
してくるよ

むぎのはたけで
かあさんまだかと
あせをふきふき
まってくれるよ
むぎぶえふいて
ぼくのつかれも
ふっとんだ

春の踏切《ふみきり》

まず越《こ》えたのは
薄《うす》い黄色が
イヌノフグリの
ぱっちり開《ひら》いて

ロウバイで
匂《にお》います
青い目が
見上げます

ツグミは大地
叩《たた》いて春を
スズメは空を
春の光を

トントンと
報《しら》せます
波打《なみう》って
反《かえ》します

風はみ旗《はた》を
枯《か》れ草《くさ》たちを
遠くの山の
キラリキラリと

春の百舌《もず》らは
梅《うめ》のメジロを
ヒバリは空で
話しかけます

春の踏切
整理《せいり》するのは

なびかせて
起《お》こします
谷の雪
かがやかす

無視《むし》をして
追《お》いたてる
お日様《ひさま》に
やかましく

お手上げで
止《や》めました

光る若葉《わかば》

色とりどりの　若葉たち
湧《わ》いてくるよな　若葉たち
いのちのかがやき　光ってる
だから　ひとびと　見つめるよ

若葉の波《なみ》が　打《う》ち寄《よ》せる
同じものなく　いろいろだ
それぞれ違《ちが》う　名前持《も》つ
だから　違いが　光るんだ

若葉キラキラ　光るのは
生《い》き物《もの》すべて　よろこばせ
新しい空気　あげるから
だから　ぼくらも　生きられる

元日

体をふくらませた雀《すずめ》たちは
電線に群《む》れて
楽しい音階《おんかい》を奏《かな》でる

枯《か》れ葉《は》たちは
日頃《ひごろ》のよそよそしさを
詫《わ》びるように
身《み》を寄《よ》せ合《あ》っている

いつもは会話もしない
親族《しんぞく》から電話がかかり
安否《あんぴ》を気遣《きづか》う
産土神《うぶすながみ》も久々《ひさびさ》に賑《にぎ》わう

こんな日が
ポンと生まれ
ポトンと沈《しず》む
こんな一日を
ずっと見て来て
見飽《みあ》きないでいる

サルビア

太陽《たいよう》に
もらった色が
うれしくて
これを
見てよと
パチパチと
花火のように
校庭《にわ》に
咲《さ》いてます

太陽に
負《ま》けないように
がんばれと
ぼくを
見れよと
ドンドンと
太鼓《たいこ》のように
高原で
はげますよ

根性《こんじょう》

おばあちゃんがいうんだよ
根《ね》のあるものをたべなさい
大根《だいこん》
人参《にんじん》
ゴボウに
さつまいも

おばあちゃんがいうんだよ
色あるやさいをたべなさい

ピーマン
ブロッコリー
トマトに
かぼちゃ

おばあちゃんがいうんだよ
根のあるこころをもちなさい
きつい時こそ
さいごまで
やりぬく
根性だ

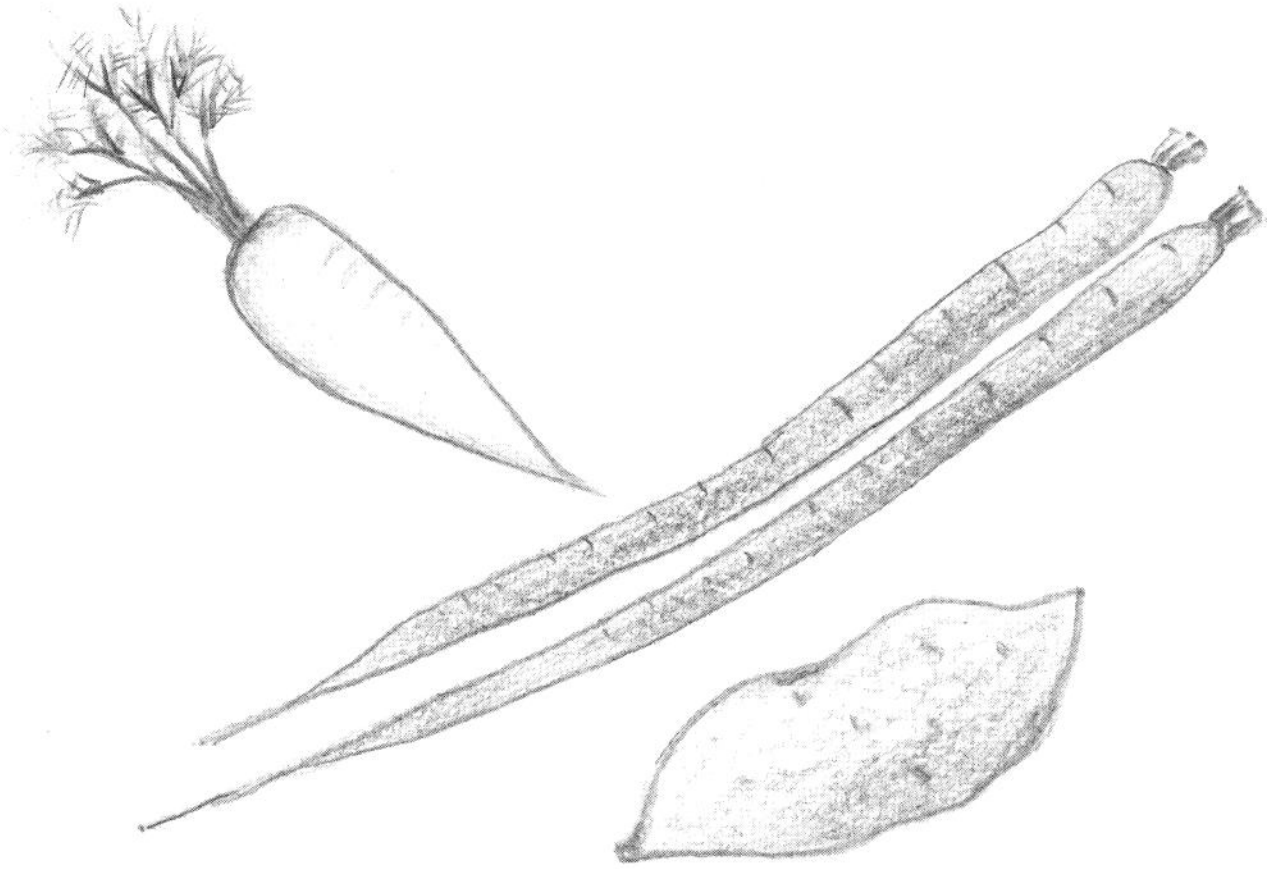

熟睡《うまい》

急《きゅう》に空がくもって
夕立になった

「カミナリ様《さま》からヘソを取《と》られる」と
母から叱《しか》られながらも
私《わたし》たち兄弟は
素《す》っ裸《ぱだか》になって
雨どいのない
軒《のき》の下の雨だれに打《う》たれた
雨が熱《あつ》くなった瓦《かわら》に伝《つた》って
温《ぬく》い粒《つぶ》に変《か》わっている

裸足《はだし》からは
ほくほくする
土の温もりが伝わる

私たちの体は
洗《あら》いざらしのゴツゴツしたタオルで拭《ふ》かれ
蚊帳《かや》の中で昼寝《ひるね》する
そして
「とうきびが蒸《うむ》れたでぇー」という
母の声に起《お》こされる

それが
熟睡《うまい》だったと
この頃《ごろ》わかる

美《うつく》しいものは

穏《おだ》やかな元日に
原尻《はらじり》の滝《たき》にやって来た

ガラス質《しつ》のものが
水面《すいめん》を切って岸《きし》に止まった
双眼鏡《そうがんきょう》で覗《のぞ》く
川面《かわも》めがけてダイビング
小魚を捕《つか》まえ
上を向《む》き一息《ひといき》で飲《の》みこんだ
カワセミだ

こうしてじっくりと見ると
山の宝石《ほうせき》とも言われる
あの色は
背中《せなか》の一部分《いちぶぶん》だけだった
刷毛《はけ》でひとはけしたくらいだった

美しいものは
すべてが美しいのではない
むしろ
美しい部分《ぶぶん》を際立《きわだ》たせるために
不格好《ぶかっこう》ですらあるのだ

いつも見えるものは

夕陽《ゆうひ》が
銀杏《いちょう》をますます金色にし
ハゼをますます朱色《しゅいろ》にし
白いサザンカを薄《うす》い桃色《ももいろ》にする

山の谷間をますます深《ふか》くし
茶畑《ちゃばたけ》の畝《うね》をますます鮮《あざ》やかにし
杉鉾《すぎほこ》をますます尖《とが》らせ
私《わたし》の影《かげ》をだんだん大きくする

夕陽は
一刻《いっこく》一刻
日中は見えにくかったものを
明らかにしながら
一日の仕事《しごと》を終《お》えてゆく

いつも見えるものは
いつもは見えにくい

峠《とうげ》

私《わたし》が中学生の頃《ころ》
峠は山のどの部分《ぶぶん》かという
国語のテストで
中腹《ちゅうふく》と答えたら間違《まちが》っていた

私にとって峠とは毎日行き来する
石畳《いしだたみ》の道であり
水飲《みずの》み場《ば》であり
急坂《きゅうざか》にさしかかる前の
一休みする所《ところ》以外《いがい》のものではなかった

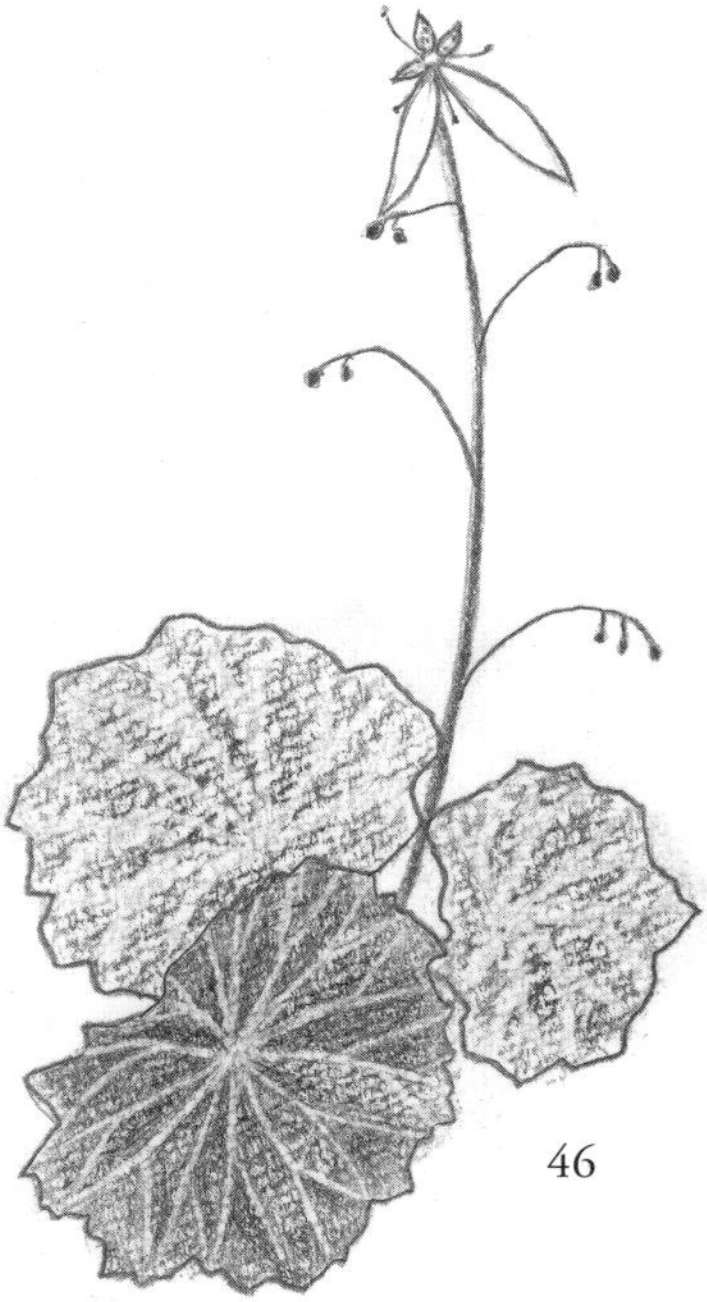

弱った牛や馬や旅人《たびびと》たちは
目的《もくてき》を果《は》たせずに
ここで息絶《いきた》えたのかも知れない
その無念《むねん》を供養《くよう》するために
現在《げんざい》でも
馬頭観音《ばとうかんのん》の周《まわ》りは
いつも掃除《そうじ》がなされ花も絶《た》えない

私は今日も
かつて間違えたままの峠に立っている
古い石垣《いしがき》に虎耳草《ゆきのした》の花が咲《さ》く
榎《えのき》の大木が茂《しげ》っている
真《ま》ん中《なか》の凹《くぼ》んだ石畳の石が苔《こけ》むしている

美《うつく》しい時

現在《げんざい》中学校二年生の娘《むすめ》が通っている
校庭《こうてい》を
イチョウの並木《なみき》が黄色に
ユリノキの並木が赤褐色《せきかっしょく》に
染《そ》めている

先生よりも知ったかぶりをして
間違《まちが》った時が
友だちが欲《ほ》しいくせに
かえって言《い》い争《あらそ》った時が
走るのが遅《おそ》くて

速《はや》くなろうと疲《つか》れ果《は》てるまで練習《れんしゅう》した時が
間違い電話を装《よそお》って
好《す》きな子の声を聞いた時が
バスケットボールの試合《しあい》のある前日
昂《たかぶ》って眠《ねむ》れなかった時が

こんな
たくさんの
恥《は》ずかしくなるような時が
実《じつ》は
美しかったのだと
イチョウとユリノキが
縁取《ふちど》りをする

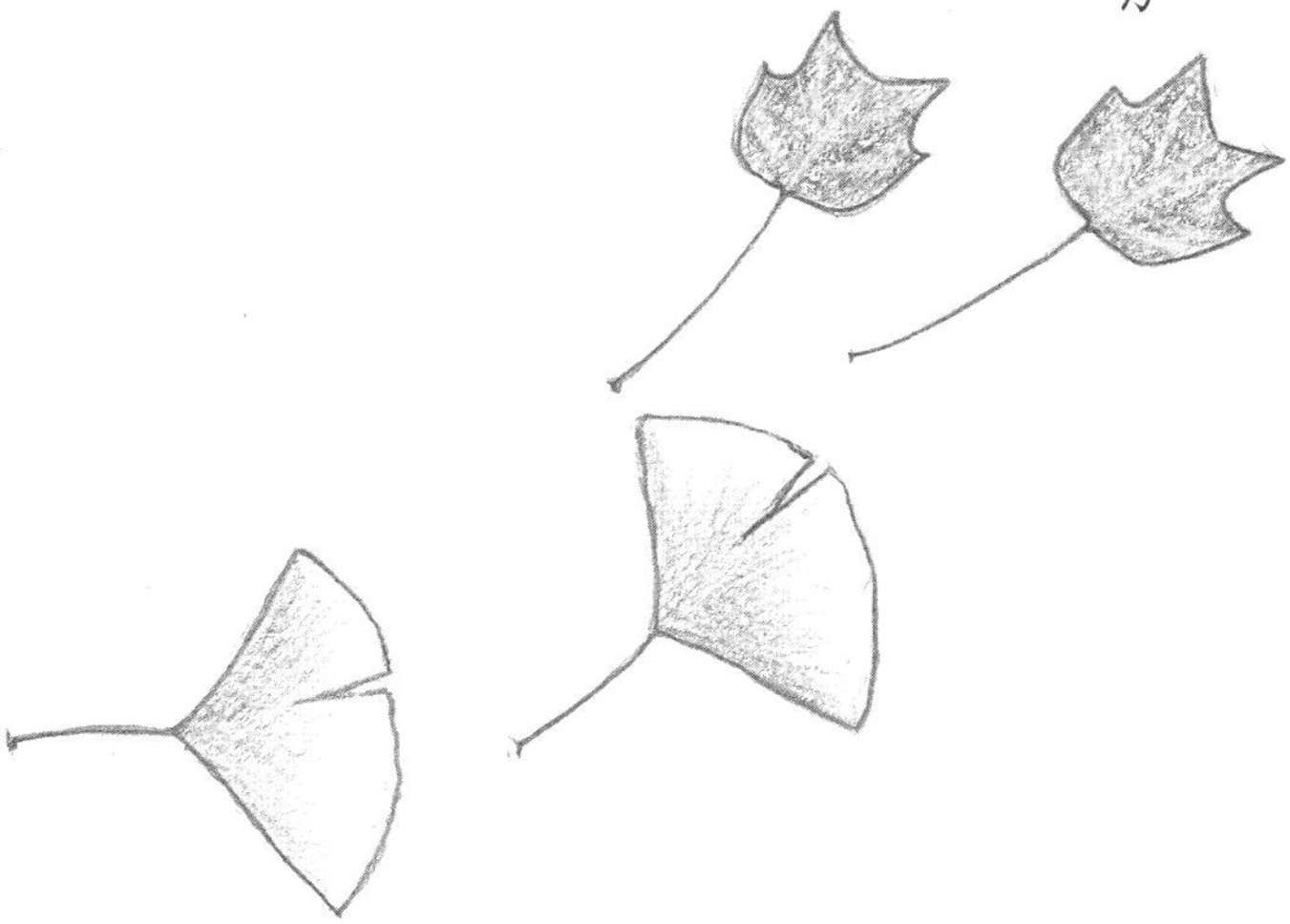

ぼくの坂道《さかみち》

昔《むかし》この坂道は
砂利道《じゃりみち》だった
雨が降《ふ》ると
深《ふか》い溝《みぞ》がたくさんできた
タクシーでさえ
この坂道を通《とお》るのを嫌《いや》がった

夏になると

母は
もぎたてのぶどうを
リヤカーいっぱいに積《つ》んで
この坂道を下った
帰りはぼくらに食べさせる
アイスクリームが溶《と》けないようにと
上りを急《いそ》いだ

冬になると雪が積《つ》もり
車が通れなくなった
こんな日に限《かぎ》って
ぼくは熱《ねつ》を出した
父はぼくをおんぶして
この坂道を下った

父の背中《せなか》が温《あたた》かかったからか
病院《びょういん》に着《つ》くと
熱は下がっていた

今ではこの道も舗装《ほそう》されて
上りも下りも車で二分だ
感謝《かんしゃ》の気持《きも》ちがあふれ
このぼくの坂道を
残したくなった

リードマンの君《きみ》に

ジャンプの力は
毎日少しずつつくのではない
基礎練習《きそれんしゅう》の積《つ》み重《かさ》ねで
ある日　突然《とつぜん》
ダンクシュートはできるようになるのだ
これを知った時に　君の眼《め》が光った
大きな自信《じしん》は夢《ゆめ》へと繋《つな》がる

真夏《まなつ》のジム
汗《あせ》が滴《したた》る
流《なが》した汗が報《むく》われる事《こと》を信《しん》じる
素直《すなお》なこころ

君は床《ゆか》に転《ころ》んでも
さっと立ち上がり
「さあ行こう!」と声を掛《か》ける
笑顔《えがお》の素敵《すてき》なリードマン

一番星の見える頃《ころ》
「明日も頑張《がんば》ろう!」と君は励《はげ》ます
チームがまとまらない時
声が出ないと諦《あきら》めかけていた時だった
明日をひたすらに信じる
君に救《すく》われる
今日はできなかったけれど
明日を教えてくれた
君が輝《かがや》く

チカラ

私《わたし》が小学校六年生の時
アポロが月面着陸《げつめんちゃくりく》を果《は》たした
科学のチカラ
その頃《ころ》から
私は詩《し》を書く喜《よろこ》びを知った
初恋《はつこい》のチカラ

中学校二年生の時の国語の先生は
授業《じゅぎょう》でいつもワークをした
テストのチカラ
高校生になって

バスケットボールに熱中《ねっちゅう》した
スポーツのチカラ

大学生になってから
ほとんど毎日のように母から手紙が届《とど》いた
手紙のチカラ
恋人《こいびと》もいない退屈《たいくつ》な日曜日
詩や楽しい授業を考えた
創造《そうぞう》のチカラ

四十八年間生きて来て
人が動《うご》く
目には見えないチカラの存在《そんざい》を
また信《しん》じ始《はじ》めている

別《わか》れのことば

私《わたし》たちは大地に詩《し》を書きました
嬉《うれ》しかったことや辛《つら》かったこと
友情《ゆうじょう》の花咲《はなさ》く時も散《ち》る時も
たくさんの汗《あせ》を流《なが》しながら
綴《つづ》りました

春にはキャベツやパンジーを
夏にはトマトやヒマワリを
秋にはナスやサルビアを
冬には大根《だいこん》やシクラメンを

大地に綴《つづ》った詩は
私たちの宝物《たからもの》です
水と空気と時間が必要《ひつよう》な
お金で買えないものでした

いくすじもいくすじもの畑《はたけ》の畝《うね》
三年前は読めませんでした
先生方が導《みちび》いてくれました
仲間《なかま》が励《はげ》ましてくれました
家族《かぞく》が支《ささ》えてくれました

ありがとうございました
これが私たち農業《のうぎょう》高校分校生２２名の
別れのことばです

Ⅲ　久住《くじゅう》高原で

久住高原《くじゅうこうげん》で

みどり一色の　久住高原を
白い馬たち　かっかと　駆《か》けてゆく
大きな命《いのち》の　疾走《しっそう》だ
むかし殿様《とのさま》たちが通った　松並木《まつなみき》
今日はぼくらが　走るんだ

果《は》てのない
みはるかす　草原に
大きな　虹《にじ》が　弧《こ》を　描《えが》く

ぼくらは
じっと　眼《め》を凝《こ》らす

ちっぽけな　悩《なや》みよ
さようなら
ちっぽけな　ぼくよ
さようなら
きらわれても　きらわれても
大きなものに　向《む》かってゆくぞ
向こうに
夏の久住山《くじゅうさん》

白い雲が
むくむく　浮《う》かぶ

山の音は　どこからも聞こえない
かわらなでしこ　おみなえし
野の花々が　母のように
大きくなったぼくを
迎《むか》えに来るぞ

雑木林《ぞうきばやし》の窓《まど》

あなたは　きっと
気づいてくださると
ここに窓をつけました

岡城《おかじょう》の石垣《いしがき》や
ケヤキやモミジのシルエットが
霧《きり》の中から浮《う》かびます
雪のくじゅう連山《れんざん》が
あなたにぐんぐん
迫《せま》ります

ここにあなたが
いつも来て
やさしい詩《うた》が詠《よ》めるように
ここに窓をつけました

もうすぐ春です
滑瀬川《ぬめりぜがわ》が
うすくれないに
染《そ》まります

山の秘密《ひみつ》

山は
遠くから美《うつく》しい貌《かお》を
見せるので
おたふく山《やま》や
傾山《かたむきやま》や
切株山《きりかぶさん》と
里人《さとびと》は親《した》しく呼《よ》んだ

人は

その美しさの秘密を探《さぐ》ろうと
山に入る

しかし
山は
その秘密を簡単《かんたん》には
教えてくれないので
人は
何度《なんど》も何度も
山に入る

人が
山に憧《あこが》れるのは
どうもその高さだけではないようだ

ふるさとの山

バスに乗《の》って
ここに着《つ》くといつも
真《ま》っ先《さき》に迎《むか》えてくれるのは
あなたであった

春の陽光《ようこう》が
すこしずつ雪を溶《と》かして
あなたの顔を
だんだんと輝《かがや》かす

病気《びょうき》で
あなたとしばらく
会えなかったけれど
あなたはずっと待《ま》っていてくれた

あなたはいつも無口《むくち》で
ただ待っていてくれる
ただあなたの大きさがいい

大分《おおいた》んツバメたち

たたずんでじっと見つめる私《わたし》に
「ちょっと待《ま》ってな
　でんぐりがえっち
すぐ帰《かえ》っち来《く》るけんな」
受験勉強《じゅけんべんきょう》に忙《いそが》しい子どもたちには
「うちどうみたいに
　そげえあわてんでんいいんで
　自分の速《はや》さでいいんで」
巣作《すづく》りに忙しい仲間《なかま》たちに

「子どもたちん
　空もはじまるけん
　じきじゃきな」
介護《かいご》に疲《つか》れた人には
「そげえがんばらんでん
　いいんでえ
　時間が解決《かいけつ》するけんなあ」
過去《かこ》の人をいつまでも忘《わす》れられない人には
「早よう　忘れなあえ
　あんたんこつは
　わたしゃ　忘れたで」
大分《おおいた》んツバメたちんおせっかいは
つづきおる

人参《にんじん》

抜《ぬ》きたての三本の人参を
後《うし》ろ手《で》にぶら下げて
村角《むらかど》を曲《ま》がる
農婦《のうふ》を見る

土のついていない
人参の所《ところ》だけに
夕陽《ゆうひ》が当たる

今夜《こんや》はシチューにするのだろうか
背中《せなか》を冠雪《かんせつ》のくじゅう連山《れんざん》が
うらやむように見ている

今夜は聖夜《せいや》
その方《かた》の
都会《とかい》に住《す》んでいる
子どもたちを想《おも》った

月見草の丘《おか》

まぢかに見える　岡城址《おかじょうし》
月の光を　いただいて
しずかに咲《さ》いてる　月見草
花咲《はなさ》く丘が　いとおしい

小富士《こふじ》村だと　呼《よ》ばれてた
石垣造《いしがきつく》った　方《かた》もいる
強い花です　月見草
あなたがとても　似合《にあ》います

あなたの咲いてる　足もとに
ほのかな恋《こい》が　においます
初恋《はつこい》の丘　花の丘
今日も一人で　夢《ゆめ》の中
今日も一人で　夢の中

小富士山《こふじさん》

遠くからでも　はっきりわかる
たくさんの人　集《つど》って登《のぼ》る
小富士山　小富士山
桜並木《さくらなみき》に　君《きみ》と来て
口ずさみつつ　登る山

祖母傾《そぼかたむき》の　山脈《やまなみ》近く
阿蘇《あそ》の煙《けむり》を　西に見ながら
小富士山　小富士山
汗《あせ》を光らせ　登る山
老《お》いも若《わか》きも　憩《いこ》わせる
くじゅうの山脈《やまなみ》　はるかに連《つら》ね

空を拡《ひろ》げて　人仰《あお》がせる
小富士山　小富士山
鴨《かも》は連《つら》なり　夕空《ゆうぞら》に
芒穂《すすきほ》みつめ　詩創《うたつく》る

君の家ほら　そこにある
逢《あ》えない時に　思うのは
小富士山　小富士山
ともに重《かさ》ねた　時のこと
冬でも熱《あつ》い　若い時

ああ　小富士山　小富士山
わがふるさとの　精神《こころ》の山よ
君の存在《そんざい》　ただうれし
君の存在　ただうれし

行け！一本松探検隊《いっぽんまつたんけんたい》

一つ谷を隔《へだ》てた丘《おか》に
一本の松《まつ》が立っていた
学校からの帰り道
小石を投《な》げて力を競《きそ》ったが
誰《だれ》もそこまでは届《とど》かなかった

ある日そこまで探検《たんけん》しようと言い出した
母は危《あぶ》ないので行ってはいけないと禁《きん》じた
私《わたし》は以前《いぜん》祖母《そぼ》に
ぜんまい採《と》りやたきぎ取《と》りに連《つ》れていかれたので
道はかすかに覚《おぼ》えていた

隊員《たいいん》は家の近くの子ども全員《ぜんいん》
隊長《たいちょう》は私
イノシシが怖《こわ》いので竹の棒《ぼう》と小石を持《も》って
密《ひそ》かに出発《しゅっぱつ》した
心に弾《はず》む歌をくちずさみながら……

松《まつ》くい虫《むし》にやられなかったら
今では大樹《たいじゅ》になっていただろう
今ではここを
一本松と呼《よ》ぶ人もいなくなった

遠くに住《す》んでいる弟《おとうと》が
「あん松　どげえなっちょるかのう?」と
大分弁《おおいたべん》できく

片《かた》ケ《か》瀬《せ》ほんとか音頭《おんど》

※はくり返す。

1. 馬鹿《ばか》になっち　踊《おど》ろうえ
見るんは　きつねか猪《いのしし》で
※ほんとか　ほんとや
片ケ瀬音頭　ハッ　ハ　ハッ　ハ

2. 長い坂道《さかみち》　登《のぼ》ったら
北海道《ほっかいどう》んごつ　広いんで*ひり

3. おなごしゃ昔《むかし》　無口《むくち》じな
白百合《しらゆり》んごつ　あったんで

4. おとこしゃ皆《みんな》　浮気《うわき》せん
嫁《よめ》ん一番ち　言いおるで

5. 神社《じんじゃ》ん楓《かえで》　三百歳《さい》
わたしゃ百まじ　生くるんで

6. 岡《おか》の城《しろ》より　高いとこ
殿様墓《とのさまはか》を　建《た》てたっち

7. かまぼこ石も　あるけんど
食べちゃいけんで　歯《は》ん折《お》るる

8. 雲ん上には　久住山《くじゅうさん》
鯨《くじら》んごたっち　泳《およ》ぎよる

9. 夕陽《ゆうひ》ん沈《しず》む　地平線《ちへいせん》
彼岸花《ひがんばな》んごつ　燃えちょるで

10. とにかく歌っち　踊ろうえ
孫《まご》たちいつか　帰るっちゃ

＊広《ひり》い…広いの方言

うるはしの唐椿《とうつばき》

かつて愛《め》でたる　唐椿
竹田《ちくでん》くれし　庄屋《しょうや》なる
うるはしの花　大輪《たいりん》を
つけし姿《すがた》の　いとほしい

小富士村《こふじむら》なる　片ケ瀬《かたかせ》の
人をなぐさめ　勇気《ゆうき》づけ
強き花なる　唐椿
高き姿の　なつかしい

あなたを偲《しの》び　ふたたびの
花咲《はなさか》せばやと　立ち上がる
人の姿の　にほひたつ
片ケ瀬《かたかせ》の丘《おか》　唐椿
うるはしの花　咲《さ》かせばや
うるはしの花　咲かせばや

＊唐椿…日本全国《ぜんこく》でも六本しかないので非常《ひじょう》に貴重《きちょう》な花である。花の大きさが15センチもあり非常に美《うつく》しい。片ケ瀬のものは、樹齢約《じゅれいやく》二百年だが樹《じゅ》勢《せい》が衰《おとろ》えて来てその回復《かいふく》に力を入れ始《はじ》めた。
＊竹田…江戸時代《えどじだい》の文人画家田能村竹田《たのむらちくでん》（1777〜1835）のこと。

あとがき

少年詩とは、少年の頃《ころ》の事を書いた詩のことだとずっと思っていた。「少年にもわかる言葉で書いたものが少年詩」という事がわかったのは、初めて商業出版《しゅっぱん》されるこの詩集を編《あ》みながらである。

初めてという事は、何と心ときめくものであろうか。今クラシック音楽で初めて買ったレコード「ハンガリア田園幻想曲《げんそうきょく》」を聞きながらこれを書いている。

初めて詩らしきものを書いたのは、小学校五年生の時である。ヘルニアの手術《しゅじゅつ》を受け二週間入院したのだが、石川啄木《たくぼく》の歌集を母が初めて買ってくれて読《よ》み耽《ふけ》り短歌を暗記していった。この頃《ころ》「冬の川」という詩を、「家の光」という雑誌《ざっし》に初投稿《はっとうこう》した。初恋《はっこい》をしたのもこの頃であった。これらの初めてを重ねて、現在《げんざい》の私《わたし》がある。

私のアイデンティティーは何だろうか、という疑問《ぎもん》にも突《つ》き当《あた》った。高校教員としては、楽しさを信条《しんじょう》とした。楽しければ自分で勉強するようになるからだ。歌謡曲《かようきょく》を授業《じゅぎょう》に取り入れたり、音読のバックにはクラシック音楽を流したりした。私らしい詩は、「おちばのいちば」「片ケ瀬《かたかせ》ほんとか音頭《おんど》」のように楽しさであると思っている。岩切義和《よしかず》という友人に曲を付けて頂《いただ》き、ますます楽しいものになった。「油布《ゆふ》らしさは楽しさにある」と考えるがいかがだろうか。

　校正を、佐藤義美記念館の学芸員、稙田《わさだ》誠《まこと》さんに手伝って頂いた。また、銀の鈴《すず》社の柴崎《しばさき》俊子《としこ》会長《かいちょう》には目次立てまでして、私らしさを引き出して頂いた。記して感謝《かんしゃ》申し上げる。

二〇二一年　七月

ゆふ　あきら

著者紹介

ゆふ あきら（本名　油布　晃）

1954年（昭和29年）生まれ
大分県詩人連盟所属
1994年（平成６年）第１回竹田市文化創造賞受賞
「佐藤義美賞」竹田童謡作詩コンクール高校生の部　選者
2018年（平成30年）詩集『ぶどう畑に吹いた風』出版
2021年（令和３年）詩集『おちばのいちば』出版

画家紹介

ゆふ くみこ（本名　油布　久美子）本文さし絵

1955年（昭和30年）生まれ
2011年（平成23年）地域の色鉛筆画教室で色鉛筆画を習い始める。

やまぐち かおる（本名　山口　薫）表紙画

1962年（昭和37年）生まれ
2020年（令和２年）、著者の入院先で毎日の献立を絵に描いていた。
その画風に惹かれた著者が「すずめのバスケ」の絵本化を依頼。
詩集『おちばのいちば』に収録された。

NDC911
神奈川　銀の鈴社　2021
88頁　21cm（すずめのバスケ）

ジュニアポエムシリーズ　300　　2021年8月30日初版発行
本体1,600円＋税

すずめのバスケ

著　　者　ゆふ あきら ©　ゆふ くみこ・やまぐち かおる ©
発 行 者　西野大介
編集発行　㈱銀の鈴社 TEL 0467-61-1930　FAX 0467-61-1931
〒248-0017 神奈川県鎌倉市佐助 1-18-21 万葉野の花庵
https://www.ginsuzu.com
E-mail　info@ginsuzu.com

ISBN978－4－86618－118－9 C8092
落丁・乱丁本はお取り替え致します

印刷　電算印刷
製本　渋谷文泉閣

…ジュニアポエムシリーズ…

1 鈴木敏史詩集 宮下琢郎・絵 星の美しい村 ★☆
2 小池知子詩集 高志孝子・絵 おにわいっぱいぼくのなまえ ★☆
3 鶴岡千代子詩集 武田淑子・絵 白い虹 児文芸新人賞
4 楠木しげお詩集 久保雅勇・絵 カワウソの帽子
5 津坂治男詩集 垣内美穂・絵 大きくなったら ★◇
6 後藤れい子詩集 山本まつ子・絵 あくたれぼうずのかぞえうた
7 北村蔦子詩集 柿本幸造・絵 あかちんらくがき
8 吉田瑞穂詩集 吉田翠・絵 しおまねきと少年 ★⊠◎
9 新川和江詩集 葉祥明・絵 野のまつり ★☆
10 阪田寛夫詩集 織茂恭子・絵 夕方のにおい ★◈○☆
11 高田敏子詩集 若山憲・絵 枯れ葉と星 ★☆
12 原田直友詩集 吉田翠・絵 スイッチョの歌 ★◎
13 小林純一詩集 久保雅勇・絵 茂作じいさん ★⊙♪☆◎
14 谷川俊太郎詩集 長新太・絵 地球へのピクニック ★◎◇
15 与田準一詩集 深沢省三・深沢紅子・絵 ゆめみることば ★

16 岸田衿子詩集 中谷千代子・絵 だれもいそがない村
17 江間章子詩集 榊原直美・絵 水と風 ◇◎
18 原田直友詩集 小野まり・絵 虹―村の風景― ★
19 福田正夫詩集 福田達夫・絵 星の輝く海 ★☆
20 草野心平詩集 長野ヒデ子・絵 げんげと蛙 ★☆○◇
21 宮田滋子詩集 青木まさる・絵 手紙のおうち ☆○
22 久保田昭三詩集 斎藤彬子・絵 のはらでさきたい
23 鶴岡千代子詩集 加倉井和夫・武田淑子・絵 白いクジャク ★♪
24 尾上尚子詩集 まど・みちお・絵 そらいろのビー玉 ★☆ 児文協新人賞
25 水上紅詩集 深沢紅子・絵 私のすばる ☆
26 野呂昶詩集 福島二三・絵 おとのかだん ★
27 こやま峰子詩集 武田淑子・絵 さんかくじょうぎ ☆
28 青戸かいち詩集 駒宮録郎・絵 ぞうの子だって
29 まきたかし詩集 福田達夫・絵 いつか君の花咲くとき ★☆♡
30 薩摩忠詩集 駒宮録郎・絵 まっかな秋 ★☆♡

31 新川和江詩集 福島二三・絵 ヤァ！ヤナギの木 ★☆○♡
32 井上靖詩集 駒宮録郎・絵 シリア沙漠の少年 ★☆♡
33 古村徹三 詩・絵 笑いの神さま
34 江上波夫詩集 青空風太郎・絵 ミスター人類 ○☆
35 秋原秀夫詩集 鈴木義治・絵 風の記憶 ★◎
36 水村三千夫詩集 武田淑子・絵 鳩を飛ばす
37 久冨純江詩集 渡辺安芸夫・絵 風車 クッキングポエム
38 日野生三詩集 吉野晃希男・絵 雲のスフィンクス ★
39 佐藤雅子詩集 佐藤太清・広瀬きよみ・絵 五月の風 ★
40 小黒恵子詩集 武田淑子・絵 モンキーパズル ★
41 木村信子詩集 山本典子・絵 でていった
42 中野栄子詩集 吉田翠・絵 風のうた ☆
43 宮田滋子詩集 牧村慶子・絵 絵をかく夕日 ★
44 大久保ティ子詩集 渡辺安芸夫・絵 はたけの詩 ★☆
45 秋原秀夫詩集 赤星亮衛・絵 ちいさなともだち ♥

☆日本図書館協会選定（2015年度で終了） ♪日本童謡賞 ♧岡山県選定図書 ◇岩手県選定図書
★全国学校図書館協議会選定（SLA） ♡日本子どもの本研究会選定 ◆京都府選定図書
□少年詩賞 ■茨城県すいせん図書 ♥秋田県選定図書 ⊠芸術選奨文部大臣賞
○厚生省中央児童福祉審議会すいせん図書 ♣愛媛県教育会すいせん図書 ⊙赤い鳥文学賞 ◈赤い靴賞

…ジュニアポエムシリーズ…

✲サトウハチロー賞
☼三木露風賞
♤福井県すいせん図書
▲神奈川県児童福祉審議会推薦優良図書
♠奈良県教育研究会すいせん図書
♧北海道選定図書
⊕静岡県すいせん図書
◎学校図書館図書整備協会選定図書（SLBA）
✣毎日童謡賞
❀三越左千夫少年詩賞

…ジュニアポエムシリーズ…

△長野県教育委員会すいせん図書　✡㈶日本動物愛護協会推薦図書
◈茨城県推奨図書　●児童ペン賞

…ジュニアポエムシリーズ…

136 秋葉てる代詩集 やなせたかし・絵 おかしのすきな魔法使い ♪★
137 青戸かいち詩集 永田萠・絵 小さなさようなら ❀★
138 柏木恵美子詩集 高田三郎・絵 雨のシロホン ♡★
139 藤井則行詩集 阿見みどり・絵 春だから ♡★◎
140 黒田勲子詩集 山中冬児・絵 いのちのみちを
141 南郷芳明詩集 的場豊子・絵 花時計
142 やなせたかし 詩・絵 生きているってふしぎだな
143 内田麟太郎詩集 斎藤隆夫・絵 うみがわらっている
144 しまざきふみ詩集 島崎奈緒・絵 こねこのゆめ ♡
145 糸永えつこ詩集 武井武雄・絵 ふしぎの部屋から ♡
146 石坂きみこ詩集 鈴木英二・絵 風の中へ ♡
147 坂本のこ詩集 坂本こう・絵 ぼくの居場所 ♡
148 島村木綿子 詩・絵 森のたまご ❀
149 楠木しげお詩集 わたせせいぞう・絵 まみちゃんのネコ ★
150 牛尾良子詩集 上矢津・絵 おかあさんの気持ち ♡

151 三越左千夫詩集 阿見みどり・絵 せかいでいちばん大きなかがみ ★
152 水村三千夫詩集 高見八重子・絵 月と子ねずみ
153 川越文子詩集 横松桃子・絵 ぼくの一歩ふしぎだね ★
154 すずきゆかり詩集 葉祥明・絵 まっすぐ空へ
155 西田純詩集 葉祥明・絵 木の声 水の声
156 清野倭文子詩集 水科舞・絵 ちいさな秘密《ひみつ》
157 川奈静詩集 直江みちる・絵 浜ひるがおはパラボラアンテナ ★◎
158 若木良水詩集 西真里子・絵 光と風の中で
159 牧陽子詩集 渡辺あきお・絵 ねこの詩 ★◎
160 宮田滋子詩集 阿見みどり・絵 愛 一輪 ★◎
161 井上灯美子詩集 唐沢静・絵 ことばのくさり ☆♪
162 滝波万理子詩集 滝波裕子・絵 みんな王様《おうさま》 ★♪
163 冨岡みち詩集 関口コオ・絵 かぞえられへん せんぞさん ★
164 垣内磯子詩集 辻恵子・切り絵 緑色のライオン ★◎
165 すぎもとれいこ詩集 平井辰夫・絵 ちょっといいことあったとき ★

166 岡田喜代子詩集 おぐらひろかず・絵 千年の音 ★☆◎
167 川奈静詩集 直江みちる・絵 ひもの屋さんの空 ★◎☆♥♡
168 鶴岡千代子詩集 武田淑子・絵 白い花火 ★☆
169 井上灯美子詩集 唐沢静・絵 ちいさい空をノックノック ★◎☆
170 尾崎杏子詩集 ひなた山すじゅう郎・絵 海辺のほいくえん ☆♡★◎
171 柘植愛子詩集 やなせたかし・絵 たんぽぽ線路 ☆♡★◎♪
172 小林比呂古詩集 うめざわのりお・絵 横須賀スケッチ ☆★◎♡▲
173 林佐知子詩集 串田敦子・絵 きょうという日 ☆★◎♡▲
174 後藤基宗子詩集 岡澤由紀子・絵 風とあくしゅ ☆♥★◎♡
175 土屋律子詩集 高瀬のぶえ・絵 るすばんカレー ☆♡★◎▲
176 三輪アイ子詩集 深沢邦朗・絵 かたぐるましてよ ★☆♡
177 田辺瑞美子詩集 西真里子・絵 地球賛歌 ☆★◎
178 高瀬美代子詩集 小倉玲子・絵 オカリナを吹く少女 ☆♡
179 中野惠子詩集 串田敦子・絵 コロポックルでておいで ★♡☆♪
180 松井節子詩集 阿見みどり・絵 風が遊びにきている ★☆♡▲

…ジュニアポエムシリーズ…

181 新谷智恵子詩集 徳田徳志芸・絵 とびたいペンギン 佐世保文学賞 ♡★◎▲

182 牛尾良子詩集 牛尾征治・写真 庭のおしゃべり ♡★◎

183 三枝ますみ詩集 高見八重子・絵 サバンナの子守歌 ☆★

184 佐藤雅子詩集 佐藤太清 菊池治子・絵 空の牧《まき》場《ば》 ☆★♡■◎◈

185 山内弘子詩集 おぐらひろかず・絵 思い出のポケット ♡★♪

186 山内弘子詩集 阿見みどり・絵 花の旅人 ♡★▲

187 原国子詩集 牧野鈴子・絵 小鳥のしらせ ♡★△◎

188 人見敬子詩・絵 方《はこ》舟《ぶね》地球号 ―いのちは元気― ♡★◎

189 林佐知子詩集 串田敦子・絵 天にまっすぐ ★☆♡◎

190 小臣富子詩集 渡辺あきお・絵 わんさかわんさかどうぶつさん ✡♡★◎

191 川越文子詩集 かまだちえみ・写真 もうすぐだからね ♡★◎

192 永田喜久男詩集 武田淑子・絵 はんぶんごっこ ☆★◎♡

193 吉田房子詩集 大和田明代・絵 大地はすごい ★◎♡▲

194 石井春香詩集 髙見八重子・絵 人魚の祈り ★♡

195 石原一輝詩集 小倉玲子・絵 雲のひるね ♡

196 たかはしけいこ詩集 髙橋敏彦・絵 そのあと ひとは ★

197 宮田滋子詩集 おおた慶文・絵 風がふく日のお星さま ★♡◎

198 渡辺恵美子詩集 つるみゆき・絵 空をひとりじめ ★♡♪

199 宮中雲子詩集 西真里子・絵 手と手のうた ★

200 杉本深由起詩集 太田大八・絵 漢字のかんじ ★♡❁

201 井上灯美子詩集 唐沢静・絵 心の窓が目だったら ★♡

202 峰松晶子詩集 おおた慶文・絵 きばなコスモスの道 ★♡

203 高橋文子詩集 山中桃子・絵 八丈太鼓 ★♡

204 長野貴子詩集 武田淑子・絵 星座の散歩 ★♡

205 江口正子詩集 髙見八重子・絵 水の勇気 ♡☆★

206 藤本美智子詩・絵 緑のふんすい ☆♡★

207 林佐知子詩集 串田敦子・絵 春はどどど ♡★◎

208 小関秀夫詩集 阿見みどり・絵 風のほとり ☆♡★▲

209 宗美津子詩集 宗信寛・絵 きたのもりのシマフクロウ ♡★

210 かわてせいぞう詩集 髙橋敏彦・絵 流れのある風景 ☆♡★

211 土屋律子詩集 高瀬のぶえ・絵 ただいまぁ ★♡☆◎▲

212 永田喜久男詩集 武田淑子・絵 かえっておいで ☆♡★

213 みたみちこ詩集 牧進・絵 いのちの色 ♡★

214 糸永えつこ詩集 糸永わかこ・絵 母です 息子です おかまいなく ♡☆★

215 宮田滋子詩集 武田淑子・絵 さくらが走る ♡☆★♪

216 柏木恵美子詩集 吉野晃希男・絵 ひとりぼっちの子クジラ ♡★◎

217 江口正子詩集 髙見八重子・絵 小さな勇気 ♡☆★

218 井上灯美子詩集 唐沢静・絵 いろのエンゼル ★♡

219 中島あやこ詩集 日向山寿十郎・絵 駅伝競走 ★☆♡

220 高橋孝治詩集 髙見八重子・絵 空の道 心の道 ★♡

221 江口正子詩集 日向山寿十郎・絵 勇気の子 ♡☆★

222 宮田滋子詩集 牧野鈴子・絵 白鳥よ ☆★

223 井上良子詩集 銅版画 太陽の指環 ★

224 川越文子詩集 山中桃子・絵 魔法のことば ♡☆★

225 西本みさこ詩集 上司かのん・絵 いつもいっしょ ☆♡

…ジュニアポエムシリーズ…

- 226 おばらいちこ詩集 髙見八重子・絵 ぞうのジャンボ ☆★♡
- 227 吉田房子詩集 本田あまね・絵 まわしてみたい石臼 ★♡
- 228 吉田房子詩集 阿見みどり・絵 花 詩 集 ★♡◎
- 229 田中たみ子詩集 唐沢静・絵 へこたれんよ ★◎
- 230 林佐知子詩集 串田敦子・絵 この空につながる ★♡
- 231 藤本美智子 詩・絵 心のふうせん ★♡
- 232 火星雅範詩集 西川律子・絵 ささぶねうかべたよ ★♡▲
- 233 吉田房子詩集 岸田歌子・絵 ゆりかごのうた ★♡
- 234 むらかみみちこ詩集 むらかみみちこ・むらかみあくる・絵 風のゆうびんやさん ★♡
- 235 白谷玲花詩集 阿見みどり・絵 柳川白秋めぐりの詩 ★♡
- 236 ほさかとしこ詩集 内山つとむ・絵 神さまと小鳥 ★☆♡
- 237 内田麟太郎詩集 長野ヒデ子・絵 まぜごはん ☆★◎♡▲
- 238 小林比呂古詩集 出口雄大・絵 きりりと一直線 ♡★
- 239 牛尾良子詩集 おぐらひろかず・絵 うしの土鈴とうさぎの土鈴 ★◎♡
- 240 山本純子詩集 ルイコ・絵 ふ ふ ふ ★♡☆◎
- 241 神田亮 詩・絵 天使の翼 ★☆♡
- 242 かんざわみえ詩集 阿見みどり・絵 子供の心大人の心さ迷いながら ☆★◎▲
- 243 永田喜久男詩集 内山つとむ・絵 つながっていく ★☆♡
- 244 浜野木碧 詩・絵 海原散歩 ☆★◎♡
- 245 やまうちしゅうへい詩集 山本省三・絵 風のおくりもの ☆★◎♡
- 246 すぎもとれいこ 詩・絵 てんきになあれ ★◎
- 247 冨岡みち詩集 加藤真夢・絵 地球は家族 ひとつだよ ♡☆◎★
- 248 北野千賀詩集 滝波裕子・絵 花束のように ♡☆★◎
- 249 石原一輝詩集 加藤真夢・絵 ぼくらのうた ♡★◎
- 250 土屋律子詩集 高瀬のぶえ・絵 まほうのくつ ♡☆★◎▲
- 251 津坂治男詩集 井上良子・絵 白い太陽 ☆♡★◎
- 252 石井英行詩集 よしだちなつ・表紙絵 野原くん ☆★♡◎▲
- 253 井上灯美子詩集 唐沢静・絵 たからもの ☆♡★
- 254 大竹典子詩集 加藤真夢・絵 おたんじょう ☆★
- 255 たかはしけいこ詩集 織茂恭子・絵 流れ星 ★♡
- 256 谷川俊太郎詩集 下田昌克・絵 そして ♡★◎
- 257 なんば・みちこ詩集 布下満・絵 トックントックン 大空で大地で ★◎
- 258 宮本美智子詩集 阿見みどり・絵 夢の中にそっと ★◎♡
- 259 成本和子詩集 阿見みどり・絵 天使の梯子 ★◎
- 260 海野文音詩集 牧野鈴子・絵 ナンドデモ ★♡
- 261 熊谷本郷詩集 永田萠・絵 かあさん かあさん ★♡
- 262 大楠翠詩集 吉野晃希男・絵 おにいちゃんの紙飛行機 ★♡♪
- 263 久保恵子詩集 たかせちなつ・絵 わたしの心は 風に舞う ★♡
- 264 みずかみさやか詩集 葉祥明・絵 五月の空のように ★♡
- 265 尾崎昭代詩集 中辻アヤ子・絵 たんぽぽの日 ★
- 266 はやしゆみ詩集 渡辺あきお・絵 わたしはきっと小鳥 ★
- 267 田沢節子詩集 永田萠・絵 わき水ぷっくん △★♡
- 268 柘植愛子詩集 そねはらまさえ・絵 赤いながぐつ ★♡
- 269 馬場与志子詩集 日向山寿十郎・絵 ジャンケンポンでかくれんぼ ♡★
- 270 内田麟太郎詩集 高畠純・絵 たぬきのたまご ★●♡

…ジュニアポエムシリーズ…

271 むらかみみちこ詩・絵 家族のアルバム ★♡

272 井上和子詩集 吉田瑠美・絵 風のあかちゃん ★♡

273 佐藤一志詩集 日向山寿十郎・絵 自然の不思議 ♡★

274 小沢千恵詩・絵 やわらかな地球 ♡★

275 あべこうぞう詩集 大谷さなえ・絵 生きているしるし ♡★

276 宮田滋子詩集 田中槇子・絵 チューリップのこもりうた ★♡

277 林佐知子詩集 葉祥明・絵 空の日 ★♡

278 いしがいようこ詩・絵 ゆれる悲しみ ★♡

279 村瀬保子詩集 武田淑子・絵 すきとおる朝 ♡★

280 あわのゆりこ詩集 高畠純・絵 まねっこ ★♡

281 川越文子詩集 福田岩緒・絵 赤い車 ★♡

282 白石はるみ詩集 かないゆみこ・絵 エリーゼのために ★♡

283 尾崎杏子詩集 日向山寿十郎・絵 ぼくの北極星 ♡★

284 壱岐梢詩集 葉祥明・絵 ここに ★

285 野口正路詩集 山手正彦・絵 光って生きている ★◎

286 樋口てい子詩集 串田敦子・絵 ハネをもったコトバ ★◎

287 火星雅範詩集 西川律子・絵 ささぶねにのったよ

288 大楠翠詩集 吉野晃希男・絵 はてなとびっくり ★◎✿

289 大澤清詩集 阿見みどり・絵 組曲 いかに生きるか ★

290 たかはしけいこ詩集 織茂恭子・絵 いっしょ ★♡◎

291 内田麟太郎詩集 大野八生・絵 なまこのぽんぽん ★◎○

292 はやしゆみ詩集 はなてる・絵 こころの小鳥 ♡★◎

293 いしがいようこ詩・絵 あ・そ・ぼ！ ★♡◎

294 帆草とうか詩・絵 空をしかくく切りとって ★♡

295 土屋律子詩集 吉野晃希男・絵 コピーロボット ★◎♡

296 川上佐貴子詩集 はなてる・絵 アジアのかけ橋 ♡

297 西沢杏子詩集 東逸子・絵 さくら貝とプリズム

298 鈴木初江詩集 小倉玲子・絵 めぐりめぐる水のうた

299 白谷玲花詩集 牧野鈴子・絵 母さんのシャボン玉

300 ゆふあきら詩集 ゆふくみこ・絵 やまぐちかおる・絵 すずめのバスケ

301 半田信和詩集 吉野晃希男・絵 ギンモクセイの枝先に

＊刊行の順番はシリーズ番号と異なる場合があります。

ジュニアポエムシリーズは、子どもにもわかる言葉で真実の世界をうたう個人詩集のシリーズです。

本シリーズからは、毎回多くの作品が教科書等の掲載詩に選ばれており、1974年以来、全国の小・中学校の図書館や公共図書館等で、長く、広く、読み継がれています。

心を育むポエムの世界。

一人でも多くの子どもや大人に豊かなポエムの世界が届くよう、ジュニアポエムシリーズはこれからも小さな灯をともし続けて参ります。

銀の小箱シリーズ

四六変型

葉 祥明・詩・絵　小さな庭
若山 憲・詩・絵　白い煙突
こばやしひろこ・詩　うめざわのりお・絵　みんななかよし
江口正子・詩　油野誠一・絵　みてみたい
やなせたかし　詩・絵　あこがれよなかよくしよう
冨岡みち・詩　関口コオ・絵　ないしょやで
小林比呂古・詩　神谷健雄・絵　花かたみ
小泉周二・詩　辻 友紀子・絵　誕生日・おめでとう
柏原耿子・詩　阿見みどり・絵　アハハ・ウフフ・オホホ★♡▲
こばやしひろこ・詩　うめざわのりお・絵　ジャムパンみたいなお月さま★▲

小さな詩の絵本

新企画　オールカラー・A6判

内田麟太郎・詩　たかすかずみ・絵　いっしょに

すずのねえほん

B5判・A4変型版

たかはしけいこ・詩　中釜浩一郎・絵　わたし★◎
尾上尚子・詩　小倉玲子・絵　ぽわぽわん
糸永えつこ・詩　高見八重子・絵　はるなつあきふゆもうひとつ★ 児文芸新人賞
山口敦子・詩　高橋宏幸・絵　ばあばとあそぼう
あらい・まさはる・童謡　しのはらはれみ・絵　けさいちばんのおはようさん
佐藤雅子・詩　佐藤太清・絵　こもりうたのように 美しい日本の12ヵ月 日本童謡賞
柏木隆雄・詩　やなせたかし他・絵　かんさつ日記★♪♡
マリウス・マルツィンケヴィチウス・詩　ラサ・ヤンチャウスカイテ・絵　きむらあや・訳　ちいさなちいさな

銀の鈴文庫

文庫サイズ・A6判

小沢千恵・詩　下田昌克・絵　あのこ♡▲

アンソロジー

A5判

渡辺浦人・編　村上保・絵　赤い鳥青い鳥
わたげの会・編　渡辺あきお・絵　花ひらく★♪
木曜会・編　西真里子・絵　いまも星はでている★
木曜会・編　西真里子・絵　いったりきたり♡
木曜会・編　西真里子・絵　宇宙からのメッセージ
木曜会・編　西真里子・絵　地球のキャッチボール★◎
木曜会・編　西真里子・絵　おにぎりとんがった☆★◎
木曜会・編　西真里子・絵　みぃーつけた♡★◎
木曜会・編　西真里子・絵　ドキドキがとまらない
木曜会・編　西真里子・絵　神さまのお通り★
木曜会・編　西真里子・絵　公園の日だまりで★♡
木曜会・編　西真里子・絵　ねこがのびをする♡★

掌の本 アンソロジー

A7判

こころの詩Ⅰ　品切
しぜんの詩Ⅰ
いのちの詩Ⅰ　品切
ありがとうの詩Ⅰ　品切
詩集 希望
詩集 家族
いのちの詩集―いきものと野菜
ことばの詩集―方言と手紙
詩集―夢・おめでとう
詩集―ふるさと・旅立ち

掌の本

A7判

森埜こみち・詩　こんなときは！